松浦彌太郎
給你的生命提醒

大切に抱きしめたい
お守りのことば

珍藏的話語

松浦彌太郎——著
陳郁馨——譯

文庫版前言

承蒙你拿起這本書，非常感謝。

非常高興能經由寫在此書上的文章接觸到你，與你靠近。

我人生裡學會並記住的最初的話語，根據我母親的說法，好像是「はーい」這個字＊（譯註）

大約是我一歲半左右的事，他們說。

說到「はーい」，我就想起父親與母親的歡喜面容。由於能讓他們高興，我也就一次又一次開心地重複說著「はーい」。

僅僅一個字的這一句話，竟能使人露出笑容，真有趣呀。

映入人們眼中的畫面，是一個嬰孩舉起一隻小手說：「はーい」

出於這個記憶或說是個人經驗，這件事在我心上某個角落留下印記：話語可以使人歡喜，要用來爲別人帶來笑容。帶著這番對話語的認識，我逐漸成長。

沒錯，話語的前面總是有人，話語像是可以爲人們帶來幸福的魔法。我體認到，若能用話語爲人帶來幸福，對我來說也是幸福。

然而，隨著我長成大人以後，我也認識到言語的困難、話語的重量，以及文字的威力。我變得不知道該怎麼使用語言才好。語言文字不只可以爲人造就幸福，也會造成傷害，帶來悲傷，製造困擾。甚至也有蓄意用語言文字來欺騙別人的不良用途。語言文字的力量令人畏懼，我從各式各樣與人打交道的經歷中理解到這一點。

我生來不是好發議論的人，也不擅長與人對話。雖然我喜歡說話，但我不會大聲講話，不會咄咄逼人，總之我很不會高談闊論。但我倒是可以嘰嘰咕咕與人說笑，長時間閒聊。

儘管如此，我深知話語的重要性，我知道用字遣詞的重要性。我知道話語是如何支撐著我，培育著我，幫助著我，守護著我。所以我也是愛著語言文字的人。

話語是什麼呢？

若有人這樣問起，我會回答：話語是御守。話語是護身符一般的東西。進一步說，話語是魔法，可以使好事成真，也可以造成不那麼好的事發生。如果話語是這樣的魔法，那麼我該如何使用它呢？我經常思考這問題。

使用語言文字的方式就是你活著的方式。

寫在這裡的文字全部都是對我來說很重要的護身符。它們在我痛苦時，困惑時，迷惘時，以為自己快要垮掉時，向我靠近，要我背負起來，聽取其中的訓斥或鼓勵。

像這樣的話語，若能為你的日常生活帶來一點幫助，我會很高興。若還能由此也成為你的御守一般的話語，我會覺得非常幸福。

願這本書成為你的急救箱。雙手合十祝福。

松浦彌太郎

*（譯註）：「は—い」此字用在不同情況下表達不同的意思，在回答別人提問或要求時說「は—い」，意為答應「好的」或「是」。輔以舉手動作則可表達「我要回答」之意，譬如學生在教室裡回應提問時舉手說「は—い」。

前言 004
第1章 仔細是感謝的表現 015
第2章 今天會連接到未來 037
第3章 重要的事就認真對待 063
第4章 相信自己每一步都在前進 085

第5章 不是用腦，要用心 111
第6章 不追求完美，凡事接受 135
第7章 爲了笑容，爲了明天 159
第8章 記得深呼吸 181
結語 204
譯者後記 208

BICYCLE
DIARIES
DAVID
BYRN
The

第1章

仔細是感謝的表現

001

對自己說：沒事，不會有問題的

發生了麻煩事。遭遇了重大的打擊。碰上不愉快。人生總有這些時候吧。沒來由地煩躁，難以安靜下來。即使如此，也要盡量讓心不起波瀾。對自己說：「沒事，不會有問題的。」讓自己回復平穩。按照自己的節奏，繼續用心過生活。這便是不管遇到天大的事也能克服的訣竅。

002

請幫我忙

一個人獨自抱著頭東想西想，會遇到想不通的時候。一個人獨自拼命做事情，也會有忙不過來的時候。這種時候要拿出勇氣說，「請幫幫我」。鼓起勇氣對別人說出「我好苦惱」，這要有顯露出內心脆弱的勇氣。對人說「請幫幫我」，這要有願意向別人借取想法或力量的柔軟。能顯露自己的脆弱與柔軟的人，其實是強者吧。不要擔心，誰都會生出「別人有難，我想幫忙」的心意。只要能有說出來的勇氣，應該不會遇到縮手不管的人。

003

把道歉當一回事

「與他很熟了，這點小事會得到他原諒的啦。」這種想法是有問題的。正因爲與那人親近，才更要有禮。禮儀之中包括一項：把道歉當一回事。如果與對方的親近程度生變，不再能依賴那份親近行事，這時兩人的關係就變了樣。所以，還是看著對方的眼睛，鄭重地道歉吧。

004

從壞掉的地方開始

世上沒有不壞之物。也沒有絕對不會斷裂的人際連繫。然而，不可因爲東西壞掉了就拋棄它。不要說一句「這個已經不行了」就要丟掉它。收拾碎片，一片一片撿起來，仔細修理。縫線綻開的地方，花一點時間縫補。從這個縫補或修繕之處會形成新的相遇和新的聯繫。與物的關係如此，與人的關係亦如是。

005

要想到「接下來的人」

倒了垃圾之後，接下來有人收拾並處理。工作上製作出了什麼產品，接下來有人販售它，有人購買它並使用它。在那個什麼之後接下來的人，快樂嗎？由於你的任性或非要得到它不可的心，會不會使得接下來的人哭泣呢？不管要著手進行什麼，心上時時記得「接下來有別人」吧。

006

不要讓人久候

接到了一個邀約，馬上回答「去，不去」。得到了一份工作機會，立刻回應「做或不做」。這樣的即刻回答，一方面是對於對方的詢問表現出一種不逃避的態度，再者也有一份不讓對方久等的心意。在這樣一個做決定了就不讓別人久候的「不逃避的人」四周，自然而然會孕育出信賴感。

007

不要發牢騷

正由於什麼話都可以對親近的人說，所以更要特別留意。不要向他說些對人對事的牢騷或毫無禁忌的蠢話。口無遮攔隨便說話，不但是說出話來的人自己不舒服，聽到的人也變得心情雜亂沉重。說的人在說出口的瞬間覺得暢快，但也就只有一時暢快，因爲這些牢騷抱怨之中沒有解決方法。徒然浪費時間罷了。

008

不要糾結

再怎麼小心翼翼總也會在人際關係上失敗。不小心說出傷人的話，做錯一樁小事，被人撞見了自己的難堪模樣……不過，那些我們以爲被我們傷害的人，被我們錯待的人，或那些看到我們出糗的人，並不像我們以爲的那樣在意。若我們老是糾結於這些地方，只不過是自己在演獨角戲。我們固然應該留意待人接物時不要做出引人誤會的事，但萬一發生了也就發生了。能有兵來將擋的乾脆與強大，這是與人相處的必要態度。

009

爲別人的幸福設想

「雖然我也過得不怎麼好，但就是要比那個某人好一些。」人會這樣想是常有的事。人是軟弱的生物，找個人來比較一番，可以讓心情好一點。當內心冒出「那個人眞是狡猾」或「好不甘心哪」的嫉妒感時，在這種心情的深處其實藏著自己的脆弱。羨慕或嫉妒是成功的大敵。讓自己當一個可以從心底爲別人的幸福感到高興的人吧。

010

時間的禮物

不管再怎麼忙碌，爲了那個人的緣故，特地撥出一段時間與他見面喝杯茶吧。突然多出了一個空檔時段，就用來與那人共度吧。什麼都不做也沒關係，只是說一說話也很好。兩人待在一起，一同度過的時光就是最好的禮物。送出這份禮物的時候，自己也收到了禮物。

011

保有獨處的時間

如果想要享受與別人相處的樂趣，就不要忽略了與自己相處的重要性。正因爲保有一個人獨處的時間，才能踏實與別人建立關係。爲了可以樸素地對待各種個性的人，偶爾有些時刻要讓自己獨處，回歸到全白的自己裡面。

012

去做麻煩的事

想要享有優質的高級生活，可以用簡單的方法做到。想要享有深刻的滿足感，也有用一句話就可說明的方式。那就是去做麻煩的事。樂趣、快樂和喜悅，可說是克服了困難之後獲得的獎賞。自認熟悉到理所當然的事，再仔細地用心做一遍吧。試著去做麻煩的事吧。

013

比誰都多

相信自己的雙眼和感覺，當一個「最先看出某事物的美或魅力」的高手吧。看見別人沒看到的地方，找出它美好的部分。看見大家還沒有留意到的事物，發現一些日後會被眾人視爲必要的東西。類似這樣的事物，多多去尋找，比誰都挖掘更多出來。

014

語言的距離感

如果無法直到最後一刻都保持溫柔，就不要說出溫柔的話語。如果沒有決心要在旁邊守護那個人的成長，就不要針對他說出嚴厲的話語。你對於那個人抱著什麼程度的責任感呢？根據這份責任感的輕重，去察覺你所使用的語言能否有遠近的區別。

015

健康最重要

如果想讓自己成長，想要以心來思考，以心做出判斷，基礎在於健康。如果想要對誰派上用場，想要爲周圍的人帶來幸福，想要讓世界變好一些，基礎在於健康。如果想面對痛苦和不如意，接受不如預期的變化，心就必須穩定平和。爲了讓心穩定，則身體必須健康。如果說一切的基礎都在於健康，那就日日爲此而整理儲備吧。

016

想要珍惜的人

那個人也不是能說好聽話的人，也不是做出什麼特別有趣舉動的人，沒有散發什麼足以吸引大眾圍觀的光芒。可是，那個人是最溫暖的，最愛你的。待在那人身旁，就像待在自己家一樣舒服自在。這樣的人，是用心在思考的人。像這樣的人，任誰身邊都有一位吧。「沒有，我身旁沒有」，如果你這樣想，其實只是你還沒有留意到。好好珍惜就在你旁邊的那位能用心思考的人吧。自己也來做個可以用心思考的人吧。

017

不說話的東西更要重視

在你四周的生活用具、大自然裡的花草樹木，以及經由製造生產出來的物件，不要因爲它們是不會說話的東西就粗略草率地使用，隨意就丟棄。卻要珍重對待這些不說話的東西。從你對待這些不說話之物的方式和態度，可以顯示你的品格。

018

繼續觀看

所謂的觀察與凝視，是指去看出隱藏於一個東西裡面的光芒。去思索那光芒是什麼，去擁抱它，對它放入一份心思。願意去看出眼睛看不到的東西的這種心意很重要。也許沒辦法馬上看見那個事物隱含的光。如果是這樣，那就再看，繼續看，看下去。直到看見那道光爲止。

019

何謂有趣味

在生活裡最重要的就是有趣味。只要有趣味，心就會動起來。抱持一份關心，多花一番工夫，重視它，珍惜它。價格高昂的寶物假如不具備什麼讓人覺得有意思的地方，也就不會有人被它吸引吧。「覺得某個東西有趣」這件事，乃是對那個東西抱持興趣，對它付出關心。一點一滴對它注入關愛，它就漸漸變得有趣了。「趣味」這回事，大概就是有愛吧。

第2章

今天會連接到未來

020

不安是朋友，寂寞也是朋友

夜裡，難以成眠，霎時湧出一陣不安。這時就向它招手吧，對它說：「來，來這裡。」如果把不安當作可怕之物而驅趕它，這份不安會膨脹起來，變成難以招架的怪物。如常的早晨，搭上公車或捷運，突然一股寂寞感襲來，龐大無邊，難以承受。這時，就開口邀請它：「一起前進吧。」走上每天要走的路線，與它並肩走一段路。忽地，寂寞感消失了。如果不逃避也不敷衍，將可以把不安或寂寞變成很好的朋友。

021

打開自己

「打開心房」這件事，看似簡單，實則非常困難。有人說只要在待人接物時做到討人喜歡就對了。但，不是這樣的。而是要超越心中以爲「說出這種話可能會被人討厭」的恐懼，如實說出心裡眞正的感受與想法。也要超越「做這種事可能會被人取笑，被人說我很奇怪」的不安，依循自己相信的方式採取行動。以不帶防備的態度，如自己本然的模樣出現在人前，這才是在對方面前打開自己。很難。正因爲很難，所以不妨一次打開一點點，逐步嘗試著做。

022

不畏怯，不驚懼

朋友是無法取代的寶物。交朋友的能力，可以說是活下去的能力。然而，不能就此論定「與人只要認識了就是朋友」，或「所有朋友都算是知己」。有些人，你可以對他打開心，當下也能相處，然而你知道「雖不至於要否定他的想法，不過他的看法與我不同」。也有些人會使你萌生「此人不可當朋友」的看法。這些情況很自然會出現。為了建立健康的人際關係，要拿出正直坦率之心，鼓起勇氣與人交朋友。

023

連結是雙方的事

假如與誰有了連結的話，這份關係是兩個人的事。無法單方面說要切斷就切斷。這不僅在戀愛上成立，在工作上也一樣成立。假如出現了「想退出這項合作」或「想辭職」或「想跟那個人分手」的念頭時，要與對方面對面講清楚，直到雙方都能理解接受。說不定，透過這個把話說清楚的過程可以產生新的關係。

024

與人分享智慧

受了傷害時，遇到困擾時，一邊摸索一邊設法面對。解決問題之後，似乎形成了自己獨有的人生智慧之類的東西。那就大方拿出來與別人分享吧。工作方法也好，生活心得也好，不留一手，全部拿出來教人。智慧這種東西，經過擴散，加入很多人的運用，生出更多的應用方式，最後會變得精良凝鍊，變成更好的東西。每一個人都把各自的發現或發明拿出來與人共享，這也許是打造幸福世界的方法也說不定。

025

什麼叫做永遠幸福

如果想保持心境平和，如果不想討厭那個被情感牽著鼻子跑的自己，請思考什麼叫做「永遠幸福」。如果想的是「永遠是個幸福的人」，這件事非常困難，但如果想的是「一直很幸福」，則可以藉由努力而得到。如果想要掌控自己的情感，請經常對自己小聲說「一直很幸福」。

026

不要誤用溫柔

一時情急，以溫柔體貼的態度掩飾過去，這種做法是無法培養人際關係的。如果爲了取悅對方而無視眞實，只求表面的溫柔，這份關係的根基將會逐漸敗壞，終至腐爛。根部一旦枯竭，無論再灌注多少溫柔體貼，也不會再開出花朵。如果想要完成什麼事，就不要誤用溫柔，而需有必要的嚴格。

027

不害羞

牽手，擁抱，說出內心感受。毫不害羞地以話語和態度表現出愛意，實在是很重要的事。肌膚之親不限於男女之間的愛意表達，也是人與人交流的基礎，是心的溫暖和體恤的表現形式。說出溫暖的話語，拍一拍對方肩膀，與人握手傳達心意，毫不害羞地表現出對人的愛意吧。

028

與其很會說話，更要懂得聽人說話

能幹的人或厲害的人都善於聆聽。有些人能讓人打開心扉，受到觸動，放鬆下來，他們未必是很會說話的人。那種會側耳傾聽，在對方說話之後有所回應，可以與人產生連結的人，都是高明的聆聽者。而善於聆聽的人也是善感的人，能從別人一句平淡無奇的話裡聽出亮點，發現溫暖的東西。只要有一顆率直誠實的心和謙虛態度，人人可以成爲聆聽高手。

SMILE

029

還想再見的人

有一種人，與他相處時很愉快，才說完「謝謝今日相伴」而道別後，竟然很快就想著「何時能再見到他呀」。讓我們以成爲這種別人「想要再見到的人」爲目標吧。成爲成熟大人之後，進一步做到讓人想要再次見到吧。爲了做到這個，就要打開心，打開耳朵，傾聽別人說話。

030

希望有人那樣對待我

若你有「如果別人那樣對待我，該多好」的事，不論那是怎樣的事，試著做做看吧。比別人快一步先做。毫不猶豫就去做。抱著熱烈的心意一頭栽進去。完全不臉紅地去做。一旦決定了就要去做。

031

遇到那麼傷心的事

如果遇到了「如果別人那樣對我，我會好傷心」的事，不管是怎麼一回事，自己都不要做。不要以牙還牙。就算是你如果不做就會被排擠，你也不要做。讓自己堅定心意，不做。即使會落得孤單一人，也不做。因爲，若你做了，最後傷心的人會是你自己。

032

等著瞧吧

確實有一個想要成爲的自己。那個理想的自己還在遠方等候。如果現在就放棄，也許日子會過得很輕鬆，也很簡單。可是一旦沉入放棄的泥沼裡，下次就浮不上來了。因此，就對自己重複念誦：「你給我等著瞧。」這句話不是爲了要給誰好看而說的。這是一句誓言，說給將來有一天可以成爲的自己聽。

033

成功的反面不是失敗

打算展開一件什麼事之前，由於害怕失敗而一步都踏不出去。這種時刻就問自己：「如果不做它，會怎麼樣呢？」這一問，就冒出了不做那件事的後果。在這同時，也湧出了「做吧」的覺悟和決心。

034

所謂豐富

人生所包含的豐富，有開心快樂的事，也有不盡美好的事。悲苦有時，傷害有時，也包括跌倒和痛苦等等這些走在人生路上點點滴滴逐漸發現的東西。

035

困惑的時刻

人生裡常有困惑迷惘的時刻。遇到這種時候，與其計算得失，不如衡量好玩或不好玩。當然要選擇好玩的那一邊。不論看起來是多麼困難痛苦而難以承受的事，都應該選擇你覺得好玩而且使你怦然心動的方向。

036

堪稱爲理由的原因

世間事物裡有無法完全理解或透徹認識的「堪稱爲理由的原因」。那個東西也存在於自己內心。怒氣或躁動，無法原諒某人的心情，只要知道這些裡面有個「堪稱理由的原因」就可以。

037

把自尊收起來

「我的自尊不能原諒那種事」，說出這種話的人也許把「自尊」用錯地方了。自尊，不是用來攻擊對方而展現自己強大的東西。真要說自尊是什麼的話，自尊是把心收斂起來的御守。不拿出來給任何人看，而是端正地收攏著，確實存在著。它是支持著自我信心的護身符。那種擺出來給別人看的自尊，不妨丟掉吧。

038

擁有知識，更要思考

遇到了不懂的事物，就去搜尋一番。這樣做很方便，很簡單。只要隨口問一句「請找出正確答案」，各種資訊就可湧出，誰都可以盡量網羅。然而這樣蒐集而來的只不過是知識罷了。知識是好東西沒錯，然而在倚賴知識之前，先自行思考吧。從自己腦袋生出來的「自己的想法」，就算是不怎麼高明的想法，比起知識卻是遠遠更有價值的東西。

039

跳下去做

能不能掌握千載難逢的機會，在於經過思考之後能否縱身一躍，決定要挑戰。一旦決定挑戰了，就算沒能抓住機會，甚至是以慘敗收場，然而光是跳下去挑戰它這件事本身，就會帶來無法預料的像禮物一般的學習，從中得到成長。以結果來說，跳下去做的人是贏的一方。

第3章

重要的事就認眞對待

040

持守自己的基本

隨著各種人生經驗的累積，汲取各式智慧，吸收消化，而後擁有了自己喜歡的事物。某一天，內心突然變得空白。自問：「我到底在做什麼呀？」開始感到不安：「就這樣過下去可以嗎？」所以要有一份「我的基本」清單。爲了什麼而努力？想要得到什麼？最喜歡做也做得最享受的是什麼？一項一項弄清楚，這便是「我的基本」。一旦發生什麼事了，可以看一看「我的基本」，這裡面有你可以回歸的東西。

041

基本原則是單純的東西

自己的基本。生活方式的基本。工作的基本。大人的基本。與人交往的基本。不管什麼方面，都建立你的「基本」吧。所謂的「基本」是純度很高的東西。複雜而難以理解的東西稱不上基本。列舉出來之後，刪減若干，讓這份清單變得單純，易懂。提高這些基本原則的純度吧。

042

不要再說「我本來打算要做的」

爲了負起責任並採取行動，有些話是不可以說的。譬如「我曾經打算要……」或「我本來想總有一天要做的，但是……」這類的話。只要說出了「本來打算」，就會變得不再誠懇對待人事了。以「本來打算要」開頭的句子，接下來說的話不是在找藉口就是在逃避責任。把「本來想要做」列爲工作上的禁語，也可以說是工作的基本原則吧。

043

不要再說「這樣就可以了」

不是竭盡全力，而是用「這樣就可以了」的態度，也能把事情做完。不是眞心喜愛的事物，也可以用「這樣就可以了」的方式喜歡它。並非打從心底感到滿足，也可以活下去。「這樣就可以了」是個可怕的東西，它會在不知不覺間把什麼都變得模糊不清，甚至把自己都丟失了。爲了改掉「就這樣下去吧，這樣就可以了」的態度，試著打斷習慣反應吧。回到自己的基本原則，詢問自己：「爲什麼要做現在這件事呢？爲什麼我喜歡這個呢？該怎麼做才能感到滿足呢？」

044

不要回望過去

譬如「那時候如果做了什麼就好了」的悔恨，或是「以前那段時期眞是好日子啊」的懷念，對於人生毫無意義可言。過去的就過去了，無法重新來一遍。那個場景既然無法重返，回顧那段時空也不能怎麼辦，不是嗎。有了不再回頭的乾脆，就可以挺起背脊，邁步向前。

045

正因爲忘不了，才更要忘掉

忘不掉的人事物如果全部都是美好的回憶，那該多好。若這樣期待的話，很抱歉，忘不掉的東西多半是悔恨、不甘、憤怒、悲傷。痛苦的經驗往往變成束縛，時日一久，全身被一層一層綑綁，整個人鎖在痛苦之中。爲了讓自己從過去解放出來，更要把難以忘記的東西忘掉。

046

完全相信自己

「沒問題，一定會好起來的。」早上醒來後，對自己這樣說。「不管會發生什麼事都不擔心。」遇到困難的時刻，說這句話給自己聽。「失敗也沒什麼，一切都是自己的自由。」躺上床準備入睡之際，輕聲對自己這樣說。說一遍，兩遍，三遍。許多次。無限次。相信自己到底。完全地，徹底地，相信自己。

047

尊重對方

「我想的跟你一樣」，或是「我贊成你的意見」，這種狀況不是自然而然就可以產生的。人與人之間出現不同的意見是正常的事。然而，若能達到「對呀就是這樣沒錯」、「是呀我也這樣想」的意見一致，那是由於彼此做到了尊重對方，互相理解，彼此都逐步向對方靠近。能達成「意見一致」，這可說是大人之間的溝通過程。

048

從所有的角度觀看

任何痛苦難過的事情都可以從多種角度來理解。從不同的角度來看同一件事，對自己說不定是一次契機。痛苦或困難，也可能是一次讓自己變得更好的機會。由此之故，面對已經發生的事，要能從各種角度來看待它，感受一番，思考一番。

049

遵守約定

若想建立豐厚的人際關係，想構築穩固可信賴的人際網絡，想以社會一員的立場做出貢獻，就從遵守約定開始吧。這件事非常簡單，卻也非常困難，但這又是基本中的基本。沒有什麼比能夠持續地做到遵守約定的這種累積功夫更爲尊貴的財產了。

050

不正確的事

「正確」是什麼呢？找出何謂正確，乃是人生裡的莫大煩惱，是困難至極的大哉問。想一想吧：「我這樣看，是正確的嗎？這樣想，對嗎？我那樣說，是正確的嗎？事情那樣做，正確嗎？這種生活方式，是正確的嗎？這樣努力做下去，對嗎？這樣判斷，正確嗎？這樣思考，對嗎？」而其中最重要的一點是，不要去否定你認爲的「不正確」。假如去否定你認爲不正確的事物，這不是正確的事。

051

指出方向

比起夢想著「想成爲那樣的人」或「想做到那種事」，更重要且不必多問也要優先做到的是：不造成別人的悲痛，不使人受傷。沒有比這一點更重要的了。做了這件事會讓別人幸福嗎，會讓人開心嗎，且讓我們先辨認方向吧。

052

拿手的事

最近不知怎麼地，就是不順利。感覺到自己好像不像自己。搞不懂了。遇到這種時刻，就去做自己拿手的事吧。不必是多麼特別的事。就像是煎個蛋捲，煮果醬，走一段長長的路，這類的小事。一心一意做它。不帶特別的意念或感受，只是專心做拿手的事。做著做著，心也被整理一遍，變得乾淨了。

053

不做的事

列出對你來說什麼是「該做的與不做的」，是很重要的功夫。爲了不要隨波逐流，不要人云亦云，爲了遇事不會迷失方向，那麼最好準備一份「該做的事與不做的事」清單。在列出這份清單之前，也先具備「不要以二分法判斷什麼是該與不該」的大人的聰明吧。畢竟，世界並不是只有往左或往右的兩種方向，不是非黑卽白的區別。

054

找出那人的優點

對人對事的第一印象通常很強烈，因此，假如一開始感覺到了什麼，先刻意把它擺一旁比較好。即使一開始覺得眼前這個人「有點討厭呢」，也把這份感覺放著，去找出那個人「好的一面」。不要馬上就說「我沒興趣」，而要去探一探那人的優點在哪裡。不論是對人或對事物，讓自己成爲一個「最能發現別人優點的高手」吧。

055

穩定平和的好處

讓對方開心很重要。你開心，我也開心，也許互相對彼此都有熱度。然而，「讓人開心」這件事多半只是一瞬的事，所謂的能帶給別人幸福卻是另外一回事。長期來看，能爲人帶來幸福，不在於帶給他狂喜極樂，卻更在於能給予平和穩定的安適感吧。

056

把無用之物當作存款

這種事做了到底有什麼意義呢？空虛之感油然而生。總有這樣的日子吧。然而，那時以爲沒有用的東西，先收進心的抽屜裡，當作存款放著吧。放到忘記了它的某一天，拉開抽屜一看，它變身成珍貴的寶物了。趁著年輕，多貯存一些這類的無用之物吧。

057

隨身攜帶給人的驚喜

家人或朋友，或工作上的往來，一旦相遇了，就是與我們有一段時間作伴的有緣之人。時常懷抱著要讓對方開心的念頭，像是放在口袋裡那樣帶在身上，經常想著：什麼事可以帶給他小小的驚喜呢。養成習慣經常這樣去思索。若能做到讓對方高興，那將可以成爲某種契機，把家庭和工作，以及自己的夢想都導引到好的方向。

058

以爲是「我的」都不是「我的」

一切重要的物事都是向世界預借而來，沒有什麼東西是自己的。例如，假如身上很有錢，這是世界賦予你的「使用金錢的任務」。如此而已。所以，你必須把金錢用在世界之中，而非自己身上，若可以這樣想，人會變得謙虛。對別人也就可以體恤。而這也可能成爲線索，讓你找到你「活在世上」的功用。

第4章

相信自己
每一步都在前進

059

上路旅行

生而爲人，即孤獨。無論與誰在一起，有誰在身邊，每一個人都是天地裡無依無靠的個體。既然如此，所以可以獨立往前走，活得像自己。且讓我們以個體的自己活下去吧。不管要前往何處，都像是上路旅行，都要活得像你自己這個人。

060

迎接面前的大風

如果大家對你說「加油」，表達了支持鼓勵之意，或是四周的人稱讚你「眞棒」，這可以促使你很快就行動，對吧。不過，這也許表示你只是在人群聚集的廣場上打轉。反過來，如果別人對你說「那件事很奇怪」而棄你於不顧，或對你說「這到底是在幹嘛」表示反對，這像是一陣強風撲面而來，你只能顚簸著前進。然而，強風迎頭撲過來，這表示前方沒有人跡。你站在會接收到最多批評指教的迎風之處。從事全新的挑戰，就要展臂歡迎面前的大風。迎面有風，證明你在前進中。

061

眼睛比話語更重要

與人談話，一言不合起了爭執，糾結於兩人看法不一致的地方。這時可以看著對方的眼睛。當你發覺「與此人看法不一樣」的時候，就看著對方的眼睛。即使雙方各執一詞，也望著對方，看著他眼睛說話。無論雙方的想法差異有多大。眼與眼對話，言語和言語交換，這樣可以做到尊重「彼此都是人」的人性。

062

關心自己

在思考自己的種種時，先不要拿別人來做比較。如果自認「我比那人更聰明，更漂亮，更有趣，更優秀」，由於勝過他人而自滿，這種得意有什麼意義嗎？若自認「我比那人笨，看起來沒有他耀眼，他有的很多東西我都沒有」，自認比別人低下卑微，這種想法有什麼意義呢？自己是自己，純純粹粹就是自己。那個不知道爲什麼要與別人做比較的人，也還是你自己。那就不如關心自己的好好壞壞吧。從關心自己的這一刻起，你才開始認識自己，也才知道該去做什麼。

063

所遇之人皆爲我師

「想要更加成長」，「想要比昨天進步一些」，如果這樣想，就要重視學習。多讀書會有幫助，工作上也會有各種學習。不過，「最好的老師」是每天遇到的人們。「老師」不限於那些引人注目的優秀人士。就連那些大聲嚷嚷的人，惹人不愉快的人，行徑怪異的人，都可以是我們的老師。

064

從模仿開始

有這麼一種說法：「所有的創造都從模仿開始。」如果想要製作出新的東西，首先要集中心力，然後找一個你認爲「如果是這個，我相信我可以做到」的東西，試著模仿它。藉由模仿那個東西的「形式」，加以應用，由此做出自己的東西。與其只模仿單一特定對象，不妨模仿各種各樣你覺得「好棒」的東西。如此重複模仿與應用，應該可以帶領你走向新的創造。

065

從零開始產生

嘗試模仿，失敗了。失敗幾次之後，重整並蓄積力量。從零開始產生一個什麼吧。很小很小的東西也沒關係。不依賴任何物事，把自己獨有的原創想法賦予形狀。做出的東西儘管再怎麼小，也是自己的發明。能從零開始發明一個什麼的話，將會帶來自信心。由這份信心將會生出活下去的力量。

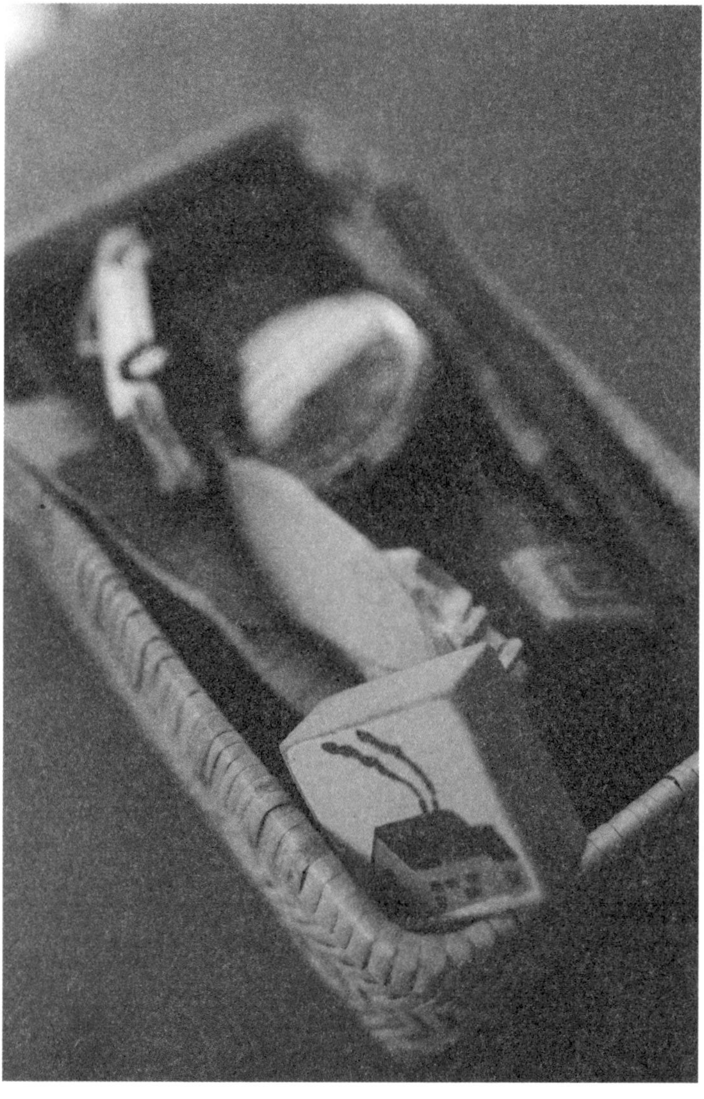

066

不要論斷

才剛剛接觸新的人或新的事，不要馬上就用自己的感覺判定說「他竟然是這種人」，「這個專案就是這種樣子了吧」。如果立刻就把新的人事物塞進你本來的收納方式裡，就不會出現新的發現。不去論斷，而是全盤接受。用全新而樸素的心好好地觀看。

067

起衝突也沒關係

任何一種人際關係都會起波折。彼此的行爲舉止不同，立場有所差異。或是雙方情緒化，鬧彆扭，雙方心裡都不舒服。這種時候也許會想著：「從今以後我要跟那個人保持距離。」可是，過去以來彼此笑臉相待的和平無事模樣，也許只是這份關係的表象。要鼓起勇氣，走出這份看上去「平和」的關係，往前踏出一步。以同樣是人的立場，與對方起衝突。如果因而產生摩擦，破壞關係，產生嫌隙的話，這時卻是契機，可以與對方進一步加深關係。

068

有變化就是成功

今天的你還是昨天的你，對此你覺得安心嗎？「你都沒有變呢」，被別人這樣說的話，是好事嗎？面對不變的自己，確實令人安心。可是在這種安心之中沒有成長。因此，不要害怕改變。要想著「改變就是成長」，並且爲此歡喜。去做一個新的東西，稍微改變自己一點，改變周圍的這個或那個，很小很小的東西也沒關係，因爲只要有變化就是「成功」。

069

欲望即希望

所有的事情，不是「要做」，就是「不做」。如果「要做」，在心的深處有一份「想去做」的心。但如果懷有想去做的心，卻還迷惘於「要做還是不做呢」，這時就問一問自己，你這份「想去做」的心是怎麼回事。「那個想，是欲望嗎？還是希望呢？」如果你的回答不是希望，那麼那份「想」也許是可稱爲「好想好想擁有它」的病。若你回答「是希望」，那會很好。然而，「好想好想擁有它的病」可說是符合人性的表現，是一種可以憐愛的東西。如此一想，欲望說不定也是希望。

070

當願望成眞

眞正強大的願望，從心底深處發出的祈願，大部分都可以像施展魔法似的得到實現。只不過，許下的願望必須是端正的，乾淨的，不帶雜質的。假如許下的是像「想要得到金錢」或「想要只做開心的事」這類並不清潔的願望，這就是出於過多的私慾，會使得「許願魔法」失效。

071

懷疑自己

我是對的。我就是這樣子。我現在這樣就很好。以上這些想法會讓人感覺舒服安心，也可以自我保護，但這類的想法無助於成長。一棵樹明明可以伸展枝椏，長得更高大，如果不管三七二十一就說它「現在這樣就夠了」，這棵樹就失去了朝向天空發育的機會。因此，試著以積極方式「否定自己」吧。這裡指的否定，不是全面否定自己這個人，而是指「這一點不行，換個方式看看會不會更好」的這種探索。如果能用冷靜態度懷疑自己，就能重新設定，從零開始再次啓動。

072

自卑感

好難看，眞丟臉。盡量遮蓋起來不要看見。抱持著如上的自卑感的人也許很多吧。然而若我們拿出勇氣仔細凝視，這股自卑感其實是個性的種子。由於覺得「我很沒知識」而自卑的話，可以去讀書。認爲「我很不會與人交際來往」而自卑的話，可以思考什麼叫做「與人相處」。不需要抛開這份所謂的自卑感，反而可以把自卑感當成促動自己奮發的武器。從自卑感這一份寶物著手，培育自己吧。

073

成長的證明

工作也好，學習也好，與人相處也好，若覺得「好困難啊」、「眞痛苦啊」、「好累啊」，這些感受可說是尊貴的感受。感覺到困難痛苦的時刻，要爲了這時也是成長的機會而覺得喜悅。如果是在不知不覺之間就會做了，沒有什麼感覺就熟練了，這是走在習慣之後的輕鬆道路上，要知道：在這樣的輕鬆裡面沒有什麼學習或成長。

074

把戀愛化爲力量

手足無措，怎麼做都不對勁。心情亂糟糟，沒了自信。根本不知道該如何做才能轉換心情。整個人變得有氣無力。遇到這種時候，不妨回想「戀愛時的記憶」。那時有一些閃閃發亮的時刻，或者也許最後是以無奈分手告終，但只要能記起戀愛中的自己曾經那麼努力，有過那樣熱烈的心情，大概可以克服大多數的困難。就以「戀愛的心情」迎接困難吧。

075

感到迷惘的時刻

一陣不安感湧上心頭，把你攫住。這時如果你站在原地，一想再想，這份不安會變得更加嚴重。使你像是被龐大的網羅束縛住，全身動彈不得。因此，感到不安的時候就踏出一步吧。試著踏出第一步。勇氣不是從頭腦冒出來的東西，勇氣是從雙腳湧出的東西。走著走著，就在走出去的行動之中，得到了一份新的希望。

076

何謂有趣的人生

從生下來就幸福，可以無憂無慮長大，度過快樂的青春期，從事愉快的工作，與某人相遇，建立幸福的家庭。這些都只不過是癡人說夢的空想。痛苦，難過，不安，無奈，諸多不如意。如果一一經歷了也一一克服了，這不是才是魅力無窮的有趣人生嗎。

077

想一想這世界

「所謂的自己是什麼呢，我究竟是怎麼樣的一個人呢」，凝望自己，思索關於自己的種種，這是成爲大人的第一步。然而這還只是從孩童到少年少女的第一步，還只是成爲大人的道路上的中途點而已。如果無時無刻都想到自己，這是愛自己的過度膨脹。爲了扎扎實實地轉成大人，就要從無止盡的「自我分析」畢業，開始關心外面世界，留意自己以外的人與事。若把心拿出來看向外面，將可以做到對人有幫助，對世界有貢獻。透過這樣做，自己也就可以成長。

078

以自己力量踏出最初的一小步

爲自己設下了目標，這條實踐的道路想要以自己的力量去前進，這就要以「自己的力量踏出最初的一小步」。不依賴其他人的力量，也不可以跟在誰的後面走，依循著別人踩出來的痕跡。這樣做一點都不容易，然而一旦是自己想要走的路，就拿出勇氣踏出去吧。自己的路，自己走出來。這是成功的祕訣。

第5章

不是用腦，要用心

079

不是用腦，要用心

想要選擇一條適合自己的道路。想要爲別人帶來喜悅。想要採行一種能對世界有貢獻的生活方式。該如何做出最後決斷才好？就用心吧。在考慮的過程中也許經過一番計算，需要進行理性思考，但最後的最後，還是要委由心來決斷。這才是能找出令人滿意的答案的祕訣。

080

從爲別人設想開始

一味用腦子分析思考，最後會失去平衡。如果感覺到「好像用腦過度了」，這時就要積極地用心。如果覺得很難理解所謂的用心到底是什麼，那就從「站在對方的立場爲他設想」開始吧。想一想，「那人的困擾可以怎樣幫他解決呢？」「怎麼做可以讓那人開心？」試著開始用這種方式用心去想吧。

081

爲人設想

旁邊那個人，此刻在想什麼？他想要做什麼呢？他懷抱著什麼苦惱嗎？帶著這樣的想像，這種心意便是爲人設想。把自己的需求延遲一些，放到後面再說，先爲別人設想，如此便可生出體貼之心。可以的話，再往深一層去動用想像：那人看起來頗有精神，但他說不定有什麼困擾。那人總是笑咪咪的，也許他忍著淚水也說不定。如果想像力可以深入一些，很自然就能湧出爲別人設想的心意了。

082

一邊往前推，一邊也要拉一把

這一點絕不能退讓，不管怎樣都要完成。這種念頭愈是強烈，愈是要留意不要一股腦只想著往前推進。沒有什麼事是可以單靠一人之力就做到的，在主張自己想法的同時，在推動的時候，也要「拉」。一方面要把接下來的人放在心上，同時不要忘記爲眼前的這個人設想。

083

說出來的勇氣

也許遇到了說什麼都沒有用的時刻。一旦說出「不對，事情不是這樣的」，也許會引起一片譁然，造成風波。然而，若是認爲不對的事，說出來也許眞的會傷害到誰。可是，不對的事放任它繼續下去，最後會變成到底什麼是眞的都不知道了。說出「不對，事情不是那樣」這句話，也許無法造成改變，卻可能可以幫助到某個同樣也認爲那件事不對的人。所以，不可以忘掉這種說出「事情不是這樣」的勇氣。

084

談論自己

能否與某人在一起，條件包括了是否受到對方吸引，與那個人在一起時是否開心。不過，比起上述條件遠遠更重要的是「價值觀相近」吧。如果想知道對方的價值觀如何，不能直接去詢問對方，而要先提起自己的價值觀，說出你認為重要的東西是什麼，打開心房說出來。如果不先打開自己的心，對方也不會打開他的心。

085

多疼愛一分

這裡缺一點什麼。這樣做不可以。這個不對。這裡改一下比較好。像這樣嚴格要求自己固然是好事，然而，不可以變成絲毫不放過任何不夠好的地方，非要做到完美。最能愛自己的人，就是你自己，沒有其他人。對於你所愛著的自己，更加的疼愛幾分吧。放下「做不到這個就得不到幸福」之類的條件假說，連同缺點一起對自己付出愛吧。

086

不要過度追求

非常喜歡的事物，不要過度追求。例如，很喜歡吃冰淇淋，不要每天都吃，而是在特別的日子這天才享用。例如，有一個人是你只要見到面就會非常快樂的，就不要每天見到了面之後晚上還要傳送訊息繼續說話。不過度索取，不過度追求關係良好，以「節制」之心與人交往，這樣做是爲了可以一直喜歡那些人那些事物。

087

說動手就動手

一旦覺得不好意思，這時候就無法隨心所欲，充分享受當下。一旦覺得不好意思，也就無法對準一個「什麼」目標，朝向它全力以赴。在遇到「來吧，動手做吧」的時刻，也就是不要覺得不好意思的時刻。在拋開這份不好意思的感覺的時候，就是自己變強大的時刻。

088

莫忘野心

所謂的野心，是與生俱來的心。它是卸除了虛假與裝飾的自我本質。野心是一種要把這個與生俱來的自我本質用最好的形式對世界做出貢獻的樸素欲望。就這一層意義來說，所有的野心都是那個人的特質的健康表現。願你不要忘記自己的野心。

089

不要瞻前顧後

當我們的意見與衆人一致，或是與四周的人採取同樣的行動時，會覺得安心。掌握周圍的氣氛，察言觀色，不惹是非，以「跟別人一樣」爲基準，可謂安全的生存方式。可是，如果渴望以世界爲對象，想要取得巨大的機會，就不能以「跟別人一樣」爲態度。以溫開水一般的平淡態度，窺伺四周的人怎麼做再跟著做，這樣是成不了什麼大事的。因此，走上自己的道路吧。遇上了「哇這下子機會來了」的時刻，一口氣衝出去吧。

090

有時也要吵架

心中的感覺想法，藏著不說。嘴上說著沒事沒事，一派平和，然而雙方各有心思。風平浪靜的關係像是一片荒野，寸草不生。請拿出眞實的自己，偶爾也吵一架吧。說出意見，讓彼此的感受有所衝突，試著以肉身與對方衝撞一次。也許會下雨，也許會颳風。然而，風雨將爲大地帶來滋潤，然後，在什麼地方就冒出了新芽不是嗎。

091

試著分離一陣子

再怎麼喜歡的事物，持續下去總有撞牆的時候。這時不可厲聲斥責自己，叫自己要更努力。這時卻該暫時放下那個喜歡的事物，離開它一陣子。喜歡彈吉他的人，遇上瓶頸，不妨放下吉他半年一年，等到再次浮現想要彈吉他的心情時，那種喜歡上一件事的快樂感也重新回返。原本怎麼樣都突破不了的關卡，咻咻咻地就這樣跨過去了。

092

在心上擺設一張大桌

客人一位兩位，一群人，可以圍著桌子坐下的場所。看過咖啡館裡擺放的那種大桌子嗎，原本不相識的鄰座客人，突然就互相攀談起來。就像這種可以彼此接近的地方。一種基地，一種據點。讓我們在心中也準備一張這樣的桌子吧，「誰來坐下都可以。誰來都歡迎。不說話，很好。自由交談，也可以。」心中若能有這麼一張大桌子，不管誰來大概都可以溫柔對待吧。

ukket i
BROMBÆR
TILBUD
SWEET EVE
25.

EVE
DELIGHT

093

回想愛你的人

愛一個人，必須了解愛人的方法。若想認識愛的道理，請試著回想一番：「至今的人生裡，我這個人曾經如何被愛著呢？」懷抱感謝之心，問一問自己：「我承受了多少的愛呢？」父母，兄弟姊妹，親戚，朋友，戀人，給過你愛的人們，每一位也許都是教導了你愛的道理的老師。

094

喜歡自己

被許多人圍繞而受到寵愛戀慕的人，也去加入幾個圈子去愛慕別人吧。被大家認爲「好棒」的人，也去讚賞別人「好棒，好美」吧。能肯定自己，也認可別人。像喜歡自己那樣地去喜歡別人。

095

不要敗給寂寞

寂寞時，眼前只要伸出一雙手，也許都會想去握住。寂寞時，任何人上前接近了都會想去靠近。對方也一樣，你靠上前去了，他也許就會想收下。不過，這種關係只是一種依賴，只是寄生在對方的心上。如果只倚靠這種寄生性的聯繫活在世間，比起一個人獨自活下去，難道不是更爲寂寞的狀態嗎?寂寞裡長不出愛。寂寞裡生不出友情。出於寂寞而形成的關係裡，開不出名爲「信賴」的花朵。

096

道謝高手

別人幫了什麼忙，一定會馬上開口道謝吧。重要的是隔天能不能正式而慎重地說：「昨天承蒙幫忙，非常感謝。」而且，除了道謝，還能表達出自己是如何開心，得到了怎樣的助力，學到了什麼等等的感想。如果想與別人培養出厚實的關係，就來當個道謝高手吧。

097

以行動展現

溝通，是從心裡發出來的東西。如果只是在心裡面想，這樣無法構成溝通。光是用話語說出來，也還不夠。如果想要扎扎實實完成溝通的話，要做到把「心意」轉成行動。假如留意到別人「好苦惱哪」，就出手去幫忙。感謝的心意要藉由行動來傳達。如此累積下來的溝通，很自然就形成可以互相幫助的關係了。

peeking in windows."
Alex picked at his cigarette. "Lots of people have tried, but
you just don't see Johnny Bear, and you don't catch him. You
keep your windows closed, and even then you talk in a whisper
if you don't want to be repeated. You were lucky it was dark
tonight. If he had seen you, he might have gone through the
action too. You should see Johnny Bear screw up his face to look
like a young girl. It's pretty awful."
I looked toward the sprawled figure under the table. Johnny

第6章

不追求完美，凡事接受

098

無法完美

一個人優秀到了全部都是優點的這種完美程度，就像是一道光滑的牆面，手放上去沒有地方可以抓住。看不出他對什麼東西有執著。人也好，物也好，稍微有一些凹凸不平，不是更讓人喜愛嗎？正因爲有個「不行」的地方，那個人才顯得可愛，正因爲有「不好」的地方，更襯托出那人的優點在哪裡。彼此都可以愛惜對方的不足之處和充分的地方，這份關係才美好。

099

失敗是契機

從來不會失敗，總是正確又完美，毫無困惑，這種人確實看起來厲害又帥氣。然而，現實中可能的情況是經常失敗，離所謂的完美很遙遠，總是有困惑。所謂「犯錯」也就是還有空間可以成長。藉由承認錯誤，修正過失，從中生出成長的契機。人從失敗裡學到的東西比從成功之中去學到的多很多。

100

可以承受風險

風險這回事，是可以由自己控管的。若能經常承受在控管之中的風險，是很好的事。假如只要有一點風險就逃避，也就會什麼都得不到。自己無法控管的風險，叫做賭博。在賭博中含有令人戰慄的緊張刺激感，而那會引人上癮。要小心，別養成賭博的體質才好。

101

連謊言也接受

說了一個小小的謊，虛張聲勢一番，胡扯幾句話掩飾過去。這種爲了保住面子的事誰都做過吧。聽到某人說出那些話便知道「啊，他說謊」，這種事也遇過吧。遇到這種時刻，不必去追根究柢，不如乾脆被他騙。說謊的人應該有他不得不說謊的理由吧。「連同他說的謊話一起接受他的全部。」若懷有這樣的體恤之心，是不是也是很好呢。

102

不拿弱點當武器

大家多多少少懷有某些痛苦，沒有誰的痛苦比別人的痛更痛。痛不是能拿來比較的東西。儘管如此，卻也不可以擺出一副「我被傷害成這樣」或「我站上這立場也是不得已」的姿態，把自己的弱處或缺陷當成武器。自己的弱自己知道，別人的弱也能加以體諒，這不就是有了以個體之姿立足於世的覺悟嗎？

103

先對人伸出手

想要看到別人帶著笑容打招呼，就先笑著對人道早安。想要與人和睦相處，就先去接近別人。想要被人溫柔對待，先去溫柔對人吧。想要得到別人的尊敬，先去尊敬別人吧。想要別人爲我們做點什麼，首先自己先對人伸出手，給出別人想要的東西吧。若能做到在滿足自我之前先讓對方滿足，大概就可以與大部分的人建立良好關係。

104

不要爲別人而做

親切，體貼，助人，全都是出於自己的心意才去做的。既然不是爲了求得回報的愛心表現，就不要有「施予」的想法。想得到對方的感謝，想討人歡心，這類心情是麻煩的東西，源自於內心裡想要支配對方的意念。絲毫不要有「我這樣做都是爲了你」的心意，要出於自己想做才去做。

105

全心等候

無論多麼喜歡春天，也無法跳過夏秋冬立刻接上新一年的春季。種子播下了，就必須等待。芽眼發出來了，還得等待。長成葉子了，仍然要等待直到花開。花苞略爲裂了一道縫，這時還稱不上開花。萬物萬事都有其時間，就全心等候吧。一心等候。安靜等候。等候是愛的一種表現。

106

親手栽培

緣分這回事，最初都是一枚小小的種子。珍重地看待，仔細地栽培，一旦它平安發了芽，爲了讓它不要枯萎而衷心守護它。讓它曬太陽，給它澆水，親自動手照顧。透過這般殷勤呵護，假以時日，毫不間斷，與對方建立起關係。人際關係不是自然生成之物。人際關係需要你動手實際去培育。

107

一個與另一個連起來

人的單位是不是「一」呢？一個人會覺得寂寞，一個人會覺得不安。即使如此，如果說人的單位是「一」，也就接受吧。反過來說，只要接受了這個「一」的孤獨，以「一個個體」之姿生存，就可以跟同樣這樣做的其他個體建立深刻的連結。孤獨，可以說是人在世上活下去的絕對條件。

108

白與黑之間

有人會讓你覺得「好討厭」。也會遇到覺得不合拍的人，怎麼樣都覺得不對勁。而也有人被世間絕大多數人說成「那人眞糟糕啊」而遭到厭惡。但就算是被所有人討厭的人，也不要因此與那人斷絕關係。不用頭腦判斷好壞，不以心決定好惡。不冠上白或黑之名，而把它安置於白與黑之間。這可以說是人際交往的智慧。

109

率直地稱讚別人

注意到了那人的優點，就不要客氣，開口稱讚吧：眼睛好漂亮，今日服裝眞好看，面帶笑容向人打招呼眞令人開心。不論多麼小的事，只要注意到了就稱讚吧，別顧慮什麼「怕被人誤會」或「很不習慣稱讚別人」，就把心中感覺到的說出來。讓這種方式成爲「人對人」的相處手法。

110

把幸福與人分享

吃到了美味水果，驚爲天人，難免會想著「一個人吃好可惜」，想要與誰分享這款美味。把那個「誰」的範圍擴大吧。從身邊親近的人開始分享，家人、朋友、夥伴，一層一層擴展。不限於水果，只要是感覺到了幸福的事物都可分享，分享的對象也可推向遠方，也可以其他形式來分享。與人分享你的幸福感吧。

111

有最糟的，才會有最好的

人也好物也好，什麼都一樣，由於有最糟糕的部分和最好的部分這兩者，所以讓人感受到它的魅力。說起來，正由於同時有最糟的和最好的這兩部分，它才會那麼棒。這兩者之間的平衡正是吸引人心之處。即使對最糟的部分失望，也不要忘了它還隱藏著令人喜歡的最好的部分。若只喜歡最好的部分，而不接受最糟的部分，這便令人遺憾了。要知道，最糟的和最好的總是一同存在的。

112

像那個人的人生

若有了心愛的人，不可以束縛對方。不可把自己的人生寄託在他身上，不要由於自己愛得那麼強烈而扭曲了「像他自己的人生」這件事。若有了心愛的人，要讓所愛的人活得好，幫助他在「像他自己的人生」的天空下展開翅膀，自由飛翔。當他遇上挫折的時候，爲他分憂解勞。有時爲他遮擋風雨。即使相隔兩地，也可以在遠方守護，讓他用他的方式活下去。從心底給他支持，爲他加油。這豈不是愛的道理嗎。

113

給出去的愛，索討而來的愛

「因爲我愛你，所以希望你也愛我。」如果以這種想法和說法一味要求對方，以此證明彼此之間的愛情，這會使得雙方都窒息。若希望得到愛，該做的不是開口向人索討，而是先付出愛給對方。出於自己的心意而做，懷抱體恤之心，以溫和話語表達。索討而來的愛會對彼此造成束縛，給出去的愛會爲彼此帶來自由。

114

盡量不要依賴

若可以隸屬於某個組織、活動社團、企業、家族，我們會覺得安心。那是由於我們以爲找到了立足之地而放心之故。然而，假如長久沉浸在這種感覺良好的狀態裡，因而失去了自己的時間，將可能會依賴那個所隸屬的地方。依附於某個東西之上而生存，是一種會失去自我的生存方式。相當可怕。無論自己屬於哪裡，還是要保有自己獨處的時間。

115

何時別離都可以

「爲了生活」，「爲了錢」，「這也是沒辦法的事」，搬出這類理由來說明爲何與此人在一起，這種態度是無法帶給別人幸福的。甚至會使自己陷入不幸的境地。不過，如果兩個人能做到「要分手也可以，就算是今天就要別離的話雙方也能好聚好散，然而比起一個人過下去，還是與伴侶兩人過生活會更快樂，一起生活，一同活在世間……」若能擁有這種關係將會很美好。

116

能信賴的是自己

悲傷到了谷底，這種心情使人重重挫倒在地。沒有人上前幫忙，沒有人可以依靠，身旁也沒有一個人可以讓你對著他盡情流露你的脆弱。這種時候也許真的是徹底絕望的時刻。不過，希望你不要忘記，到最後你最可以依靠的人是你自己。掉到谷底的時候，要對自己伸出手。帶著這一份領悟在心上，就是以成熟大人的態度活下去。

PRIVATE
Beyond this point

117

一起走

與人生重要伴侶牽手是很自然的事。然而，在感到安心之餘，不可以把自己全身都靠過去，失去自己的力量。不該以爲兩人已經很親密了，就要對方背負你的重量。最理想的關係，是兩個人牽著手，各自又都能以自己的腳穩穩站立。兩人互相尊重，一邊協力互助，一邊往前走。

Post

第7章

爲了笑容，爲了明天

118

心情低落也沒關係

人是軟弱的生物。這一點不要忘記。遇到一點小事就受傷，怎麼樣都提不起精神，沮喪鬱悶。這種情形一點都不陌生吧。遭逢苦惱而心情低落時，如果聽到有人鞭策你「振作起來」，或是溫柔鼓勵你「沒問題的」，也沒有多少效用。那麼，這時候，就讓自己低落到底吧。不必勉強自己皮笑肉不笑，不需裝作一切無事，蹲下來，伏首，大哭一場，在夜晚輾轉反側。低落，沉下，掉到谷底的最深處，那兒有一道門通往下一步。

119

先自己思考一番

不要馬上就上網搜尋。不要馬上找書翻查。不要放棄。手無寸鐵，毫無線索可循，也先自己思考一番吧。愈是不懂的時刻，更要自己去想。再怎麼苦惱也不要抓著人諮詢，即使非常困惑了也還不要向人求取建議。看似走投無路了，還是要自己思考。所謂的自己思考，意思是指自己做決定。

120

所謂的不放棄

如果想要解決一個苦惱中的問題，想要得到靈感點子或好構想，就把「繼續思考不休止」當作規則持守下去。什麼都沒有浮現，也不放棄。即使覺得「做這件事也沒用啦」，也不放棄。如此，以不放棄的態度持續思考，一定會找到答案。所謂「不放棄」，也意味著對自己有信心。

121

未來不可知

「接下來會變怎樣呢？」突然想到這裡，開始不安起來。說不定就東想西想‥要不然就做這個吧，還是該試試那個才好呢。如果設定「將來一定要達成某某目標」，而且硬是堅持非要達到不可的話，看到眼前這個尚未達成目標的自己，不禁湧出焦急煩躁心情。說不定又會想著「必須這樣，必須那樣」才行。然而，將來是一種現在還不知道的東西。正由於不知道，才叫做將來。只要可以踏實地面對現在，此時此刻，以這般態度就可以連接到未來。

122

增加行動的量

如果走進了廣大的世界，會有很多名爲機會的門。即使不去一扇門一扇門敲，總也會有某一扇門是開著的。要不要抓住機會，跟你是否留意到「處處都有機會」有關。抓住機會的祕訣在於「增加行動的總量」，把視野朝向更寬更廣的世界，採取行動吧。

123

別離是成長的證明

總是與同一群成員進行良好的溝通，總是說著同樣的話，如此固然是愉快的，但不禁會令人疑惑：這樣下去能成長嗎？有時不妨試著當個跨界的人，去找比自己年紀大很多或小很多的人，比自己優秀一大截的人，規模或格局比自己大一圈的人。也許會有一絲心情覺得自己背叛了一直以來的同伴，然而，習以爲常的人際關係說不定妨礙了自己的成長。向一直以來感覺良好的舒適圈說再見，也是人生的必要。

124

加溫

剛做好的菜，熱騰騰的才好吃，放了一段時間會變涼。菜餚做得再好，也沒辦法始終是熱的。人的心情也一樣，會變涼轉冷。這不是誰的錯，因此，一旦變涼了，就爲它加熱吧。放上爐子，點火，咕嘟咕嘟，逐漸回溫。趁著熱，以手掌包覆住它，再留住一絲熱度。即使無法回到剛煮好時刻的熱度，至少它不再冷冰冰。這種把冷菜加熱的努力，也可以用來爲人心加溫。不要忘記經常要加熱。

125

更自由一些

誰都曾經對自己有過「這就是我」的認知。這種認知固然重要，有時卻形成了框架，奪走了自由。「這種事我不會做」或「我都這麼做」，或「我就是這種人」，這類的定義會造成限制，變得只能以特定的方式生存。要不要乾脆一點，一口氣拋開「像自己」這件事吧。啪一聲就把開關掰到另一端，不是用腦子分析，而是更自由地以心思考。變得自由之後，煥然一新的自己也就誕生了。

126

投入更勝努力

朝著夢想中的事物努力很重要，更重要的是「投入」的這股熱忱本身。投入更勝過努力，請把這句話記在心上吧。在投入之中，含藏著足以讓人忘記時間的享受和趣味，因此之故，去尋找一個可以讓自己投入其中的事物吧。不必一定要是受到別人認可的東西。那些能把自己投入於一個什麼東西裡面的人，會吸引來各種驚奇事物和各式各樣的人，這是因為能投入的人充滿魅力。人是在玩耍遊戲的時候得到成長的，也可說是這時得到了大量學習。

127

有勇氣的膽小鬼

一點點風吹草動就受驚嚇，馬上擔心起來，開始盤算萬一怎麼樣的時候該怎麼逃跑，擺好防衛的架式。這麼做的同時可能也會笑自己「眞是膽小鬼啊」。不過，膽子小也可以說是敏感度高，感受性豐富的證據。雖然有人認爲「先逃跑的人是弱者」，卻也有人說：「敏於察知危機才能做出勇敢判斷」。尊重自己的敏感性，當個有勇氣的膽小鬼吧。

128

決定的人是你自己

發生了一件事。只有當事人本人能說那一場經歷是怎麼回事。面對同一件事，認爲「天哪，怎麼會這樣」，或接受它，覺得「哇，眞有趣」，這是每個人出於他個人的經驗而有所不同。當然，遭遇了痛苦或不幸，想必很難完全以正面方式接受，然而，是要拼命訴苦到處發洩自己的不滿，把它變成更嚴重的問題，還是可以體會這件「痛苦遭遇」裡的種種面向，把它當成學習的經驗，都在於你自己如何決定。

129

老實說出來

聽到別人說了幾句有欠考慮的話，覺得受傷，就笑著說「好受傷哦」，而不是當作沒事一般蒙混過去。拼命做出來的工作成果並不理想，並不是隨口附和「已經很努力了」，以此草草帶過，而是老實說出「做得不好」。即使很難說出口還是把感受說出來，這是向對方做出真實的回應。這是沒有愛就做不到的事，也是與人長久交往的誠懇態度。

130

就算生氣了也不會有好事發生

我們都有過被傷害的經驗，有時，受傷的痛感會轉成怒氣。遭遇莫名其妙的事掉到頭上，尖銳的話語迎面丟來，刺入心底。被那些無禮的話語弄得一肚子火，這種時候，若覺得傷心也好，覺得難過也好，但就是不要變成憤怒。一旦生氣，吐出內心話，也許一時爽快，但不會帶來任何好處。忍耐，承擔，原諒，忘掉它。在胸腹之間不慍不怒，這是保護自己的智慧。

131

讓人回味的關係

用餐中，什麼菜式都覺得好吃，差別在於吃完了以後留下什麼。調味濃重的菜餚，吃著它的時候覺得好吃，吃完後卻覺得口中黏膩。反之，餘味宜人的料理是那種吃入口的時候微微感覺美味，但不會殘留口中。這種菜餚大概是活用了材料本身的美味吧。人與人的關係也像這樣，為了一時好處或享樂而做的事，或是曲意奉承刻意經營的場面，結束後都不會轉變成讓人想要回味的關係。與人的相處往來也一樣，保有自己本來的樣子，互相讓彼此都有存活空間，而後變成會讓人回味無窮的一段關係留在心上。

132

成爲助人的力量

一次一點點，累積你可以幫助別人的力量吧。如果缺少了助人之力，不但無法建立人脈，也做不好工作。若沒有人脈，工作又做不好，也就無法在世上有所貢獻，沒辦法爲人們排難解困。來吧，不要計算利益得失，就大方出手去助人吧。從小事開始，對別人提供協助。

133

讓彼此都能活下去

想要活下去的話，先讓對方活得下去。對方活下來之後，接著，讓你四周的人活下來。如此，讓自己以外的人事物活下來吧。開始這樣做之後，世界也就會讓你活下來。「但世上處處是討厭的人和可惡的事。說什麼先讓別人活下來，只是漂亮話而已。」這樣想也許是事實沒錯，但是你就會停在這種想法裡，開始討厭人群恨惡世界，這樣能改變什麼呢？不如先相信「一起活著」這句話吧。互相讓彼此活下來，這也就是彼此原諒的意思。

134

有時停下

「就是這條路了」，一旦決定要走上這條路，便毫無疑惑，一心一意往前進。這種態度看起來是很棒的生存之道，其實含有令人畏懼之處。偶爾要停下來才好。有時要不安，「這樣子好嗎？」也必須懷疑自己，「有沒有做錯呢？」不要忘記看一看四周，冷靜思考：「是不是哪裡怪怪的？」如果只是習以爲常，逕直前進，不知不覺間被世道推著走，變得隨波逐流。所以有時要停下來。拿出勇氣，停下腳步吧。

135

不要抄捷徑

爲了追求效率而抄捷徑，似乎會得到別人一句「做得好」的評語。不必花時間工作，又能兼及家務，好聰明呀。然而眞的是這樣嗎？要是不走看起來近的路線，而是一步一步循著應有的道理踏實前進，這樣做應該會有許多的感受觸動，也應該會得到許多學習。搭乘纜車的話，三分鐘就可以到達山頂，但所見到的景色大大不同於走登山道拾級而上，撥開草叢，聽著鳥聲，一步步爬上山頂。即使是繞遠路也沒關係，讓我們踏實地一步一步走，得到許多感動，得到學習。

136

選擇困難的那一邊

人生路上，各式各樣的選項等著我們抉擇。感到迷惘的時候，不妨選擇困難的那一邊。由於做不出決定而苦惱時，選擇那個「走上去會比較辛苦」的方向。如果是由於「這邊比較輕鬆」而選的路，在起始點上就缺少了認眞，也就少了那條道路才會有的收穫，最後哪裡都到達不了。

第8章

記得深呼吸

137

小心百戰百勝

就像是有白日也有黑夜，大自然裡有所謂的平衡。如果做什麼都順風順水，百戰百勝，不知失敗為何物，一時之間似乎可以很開心，然而這樣是否違反了大自然的道理呢？想著要連戰連勝卻受了傷，可能就無法上場參賽了。為了能好好地獲勝，試著好好地失敗吧。為了不要受傷，有時候就輸一次吧。切莫忘記「百戰百勝真可怕」的道理。

138

凡事只取八分飽

豪華大餐當前，在快要飽足之前就放下手中筷子吧。熱中於一種嗜好之物，投入到忘我之際，抽手暫停，留幾分空白吧。相處融洽的好友、情人或家人之間，在親近之中要保有禮儀。不管做什麼都只要八分飽。在肚腹飽脹之前停下來，在心中留有餘裕，如此，才可能繼續地喜歡你最喜歡的東西。

139

放慢速度

眾人皆忙碌，認眞，拼命。一件事做完接著下一件事，推動著世界運轉。正因如此，更要放慢速度。讓心緩慢下來，一邊走路一邊欣賞四周景色。再怎麼必須急切動起來的時刻，偶爾也停下腳步吧。看看一直以來忽略的街景，不再直直往前只走眼前這條路，也許能留意到一路走來至此的各個轉角風景。

140

原味再發現

一入口就覺得好吃的食物，總是那些善用了食材原味的料理。同樣的道理，如果每一個人生來持有的原味都能得到發揮，各自得到自己的幸福，也就能讓世界變得豐富多彩。然而這很難。首先，自己的原味是什麼呢？那個人的味道又是什麼？該怎麼做才能讓人人都發揮自我本色，眞是相當困難的事。正因爲很難，不就更該互相發現彼此的本質，找到讓各自都可以發揮特色的生存方式嗎？

141

學習「關於人是什麼」

所謂的「人」，就在身邊，卻是未知之物。人是什麼，包括我們自己在內，可能永遠都看不透，沒有徹底理解的一天。正因爲沒有那一天，不就值得我們以一生之力持續學著去認識嗎。看見自己，看見別人，學著了解人是什麼吧。

142

擁抱害怕，擁抱寂寞

緊緊遮住雙眼，裝作沒看到。想辦法製造歡樂熱鬧的氣氛，擺出不知情的樣子敷衍過去。那是心中的某種恐懼感，某種寂寞。由於它們帶有負面的形象，人們便把它們當成不存在之物，然而，恐懼和寂寞不會自行消失。只能帶著它們活下去。既然如此，就接受吧，承認自己心中存有那麼幾分恐懼，擁抱它們，把它們當成朋友一般對待。

143

留下拒絕的空間

有事要拜託別人幫忙的時候，不要用全力以赴的態度去請求。無論是怎樣的事，想要求人幫忙，就要為他留下幾分讓他可以對你說不的空間。誰都可能有苦衷，都可能有不得不拒絕的理由。遇到這種時候，就想辦法不要為對方增加負擔，設法「讓他可以拒絕」吧。

PGE

144

培養你的喜歡

深入認識你所喜歡的事物之後，會得到有趣的發現、學習和邂逅。喜歡，是一種魔法，它會把你變得比誰都更詳細了解這件事。透過這個你深入了解的事物，誕生了新的自己，還看到了前方有一條道路。喜歡，可以開拓自己，發現自己。喜歡，可以孕育出自己的幸福。在喜歡的事物裡面含有人生的目的。

145

吸收資訊適可而止

日常生活裡，即使不是特地搜尋，資訊也會從這裡從那裡不斷冒出來。因此，有時要採用「讓資訊進不來」的方式來應對。如果自己沒有核心，沒有關注和在乎的事物，而只是敞開，任由各種資訊進來，這樣也得不到什麼有幫助的資訊吧。

146

有時不妨全部丟棄

事情A，我會做。事情B的話，我好像也可以。我通過某個資格考試，擁有證照。還有，某事C我很擅長。可是一旦被問到「想做的事是什麼」時，我就不知道了。如果上述煩惱也是你現在的情況，那麼你有時該把它們全部丟掉。把所擁有的東西全部放開，變成「什麼都沒有」、「兩手空空」之後，想做的事應該就會像一個新世界那樣浮現出來。

147

目標不是終點

夢想著「總有一天要成爲某種人」，立下志願「總有一天要做到那件事」，眞是很棒的事。不過，假使迂迴曲折費盡心力終於到達了目標，那兒卻不是終點。抵達了第一個目的地之後，又看到了下一個目的地，如此一來，以永遠抵達不了的終點爲目標，帶著躍動的心持續前進，這豈不是到死去之前都可以成長的生活方式呢。

148

不要忘了挑戰

雙手握拳，堅定確信，只參加一定會贏的競賽，若是這樣，再怎麼優秀的運動員也不會得到成長。如果想要比現在的自己更強大一些，做出更厲害的表現，就要刻意去挑戰困難。彷彿故意要失敗似的去挑戰。所謂的理想是風險愈高，得到的回報就愈高。當然應該避免去犯下那種會爲別人造成麻煩的失敗，但藉由接受挑戰，可以帶來成長的經驗。去做吧。

149

結交新朋友

想要比現在更喜歡自己一些，想要再成長一些，那麼就去結交新朋友吧。能使我們把心中摺疊收起的空間打開的，能使我們更加開展延伸的，是新朋友，而不是老友舊識。「看呀，有這麼棒的地方唷」，新朋友會這樣教導我們：「往那邊延伸出去看看吧。」

150

有人在看著

「做了這麼多，會不會白費工夫啊？」即使這樣想，也繼續做下去吧。即使還沒有看到成果出現而覺得不確定，也繼續做吧。即使疲憊不堪，深感痛苦，還是再一次往下挖掘吧。這個持續做著事的身影，一定會被誰看見的。繼續挖下去的地方也許沒有寶物埋藏著，但這份繼續挖掘的專心一致，絕對不會沒有意義。

151

所謂成爲大人

彷彿廣漠世界裡只有一個人佇立的這份孤獨感實在難以承受，令人畏懼。把行程表塞滿，天天與人聚會，也塡不滿那份空虛感。親愛的人就在身旁，還是揮不去那份孤單感受。以工作忙碌來設法排解空虛，但孤獨感仍然徘徊不去。爲什麼會這樣呢？原因很簡單。因爲孤獨是成爲大人的條件。成爲大人，就意味著要能承受孤獨。

152

誰都不是別人的所有物

情人，夫妻，伴侶，知己，親子。你也有某位無價之寶一般的人物對象吧。對你來說，也許你與他是兩人同心，合爲一體，然而你不是對方的「所有物」。對方也不是你所擁有的東西。在你與對方之間要保持一點空間，彼此不要過度干涉對方，而要能以禮相待。這個祕訣可以讓你一直這樣珍惜著你心愛的人。

153

沒有永遠

覺得「眞好啊」的東西很相似，也喜歡相同的東西。遇到氣味相投的人眞的好棒啊。可是，人會改變，會變成另一個人，這並不是背叛了原來的人事物，而是價值觀改變，想法改變，作息、習慣或生活形態改變了。人只要活著下去，各人會有各人的變化。伴隨著彼此的變化，即使緣分沒有完全斷絕，也非常可能逐漸變得稀薄。沒有哪一種人際關係是永遠不變的。正因如此，那就要珍重對待每一段緣分。

154

說再見就是說謝謝

因爲，分手也好畢業也好，死別也好，「再見」是人生各種經驗的完結點。說「再見」，預告了接下來將會有新的相遇與邂逅。「再見」是再次出發的前兆。因此，說再見與說謝謝就含有同樣的意思。與你相遇，謝謝。至今以來的一切，謝謝。說再見的另一種說法就是說謝謝。

155

笑容是最好的御守

如果身邊沒有值得信賴的人，沒有一個遇到事情能出力幫忙的人，或者還沒有找到一席之地，你還是要面對笑容。如果找不到人請教如何尋找夢想和完成夢想，如果一直沒有遇到能帶來好運的契機，還是要面帶笑容。自認在各方面都還不成氣候，日子過得很辛苦，然而只要有笑容，無論什麼關卡終究可以度過。笑容是最棒的御守。

結語

書寫即思考。

寫在這裡的文字，是我一直放在心上琢磨的重要事物。那些話語突然浮現，被我放在心中，持續溫暖著我，而我經由自己的實踐加以確認，將我留意到的感受用自己的聲音寫下來。

這一篇一篇的文字，對你來說也許像是在對誰說話。「我這樣寫，你怎麼看呢？」

像是坐在你旁邊，咕嘟咕嘟對你說話似的寫下來。

因此，如果你是在某個平常日子裡微微感到寂寥的時刻，心情亂糟糟而覺得孤單無人陪伴的時刻，像是與朋友相見那般伸出手拿起這本書，也許，這本小書可以變成醫藥急救箱一般的存在。

不是要傳授什麼道理。也不是要訓話。如果能成為一個小小的聲音，與你「以心對心」說話，那就太好了。

願能成爲標記每一個步伐的小小路標。

譯者後記

本書每篇文長約一百七八十字到兩百餘字，從書寫方式來推想，這種長度的篇幅難以有頭有尾講述一個故事，也不容易細筆描述場景或完整表達事件脈絡與對話。那麼作者松浦先生怎麼寫呢？在我讀來，他像是這樣做的：他假設情境，設想我們遭遇該情境時可能出現的反應並捕捉那些情緒，他以幾句話語對應，有時像握手表達同理，有時像輕拍肩膀表示鼓勵，然後補上幾句洞察再給予建議。有時他會使用譬喻來帶人脫離情境，轉入譬喻所形成的意義裡。

讀者開始讀就彷彿與某個人面對面坐下，尚未開口，先被這位高手猜中心事：你是這種心情吧，你這樣感覺對嗎，你想這樣說是吧，繼而得到同理或鼓勵或建議，有時還收到一個比喻，讓人琢磨其中蘊含的寓意，跨出問題本身的限制。

但我在接下這本書的翻譯工作時還不知道，我將會從這本書裡得到比鼓勵或建議更多的東西，因為那時我還不知道，後來這份書稿將會成為我旅途上的隨身讀物和等待時的心靈活動。

從收到書稿到翻譯完成，約當夏天伊始到冬季。這段時期我處在一樁接一樁的變動中：台北自宅突發的內部問題亟待掃除，花蓮老家經歷四月大地震後造成的裂損正要修補。兩處家宅都整理完成後，一家人裡有三人，包括我在內，各在身體上出現程度不一的病痛需接受檢查或手術治療。

那時我常常往返台北花蓮兩地。我在搭火車途中閱讀這本書稿。讀完一篇便休息幾分鐘。每遇到新鮮的語句，心上漾起漣漪，漣漪碰上窗，流向窗外的山海風景，絲絲嘶嘶撞起微波。有時遇到新字或想確認意義的詞，我先以筆謄寫一遍於頁邊，再用電子辭典查詢字義。新字帶來新的聲音，我低聲唸兩遍，那音聲咯啦咕嚕阿啦哈巫從耳朵進入身體，與火車的節奏一起寫成這段行旅的遊記。

而後我在醫院診間等待的時段，利用空檔翻譯。我以手寫方式譯出初稿，一篇文章大約十五到二十分鐘可完成。身在醫院裡走不開，等待只能停留在原地，但我的心可以飛向他方。

好多次，某一日所讀所譯的文章竟能呼應我的思緒，在這種且移動且等待的狀態下，爲我點亮內心微暗，帶來支持和助益。

有些段落像早晨的 Espresso，一飲下就立即提供力氣。例如：「風平浪靜的關係像是一片荒野，寸草不生。請拿出眞實的自己，偶爾也吵一架吧。說出意見，讓彼此的感受有所衝突，試著以肉身與對方衝撞一次。」譯這篇的時刻，我在醫院裡等待，想到我們如何經過一番折衝才說服長輩來此檢查，覺得幸好我們說出了眞實的擔心，才有機會來到看診的這一刻。

又如「起衝突也沒關係」這篇，譯到「如果因而產生摩擦，破壞關係，產生嫌隙的話，這時卻是契機，可以與對方進一步加深關係」這段話的那天晚上，我們討論接下來怎麼做可能是對八十歲長輩最好的安排。雖然起了衝突，但是把話說清楚了，覺得輕鬆而歡喜。後來逐漸可以對彼此表達更多心情與想法。

有時，隨著我執筆譯出字句的瞬間，我差一點以爲那些話語是我自己寫出來的，剎那間明白其中道理。譬如「有變化就是成功」這篇，對待完全不移動的人，能讓他走出家門就是成功。譬如「試著去做麻煩的事」，每天以相同的作息做同樣的事，不怕重複，不怕麻煩，把熟悉的家事再做一遍。在變動的現象底下體會日常的美好。

又有幾篇像是一封短箋隨附於包裝美好的禮物翩然而來。譬如，「在心上擺設一張大桌子，誰來坐下都可以。」這個大桌子的意象被我帶在心上，走入我教課的課室，看著新學員陸續就座，我自問能不能讓每位來上課的人都有一席之地。譯出了這個比喻之後，我開始期待自己能在心裡擺上一張大桌子，成爲器量很大的人。

像這樣的時刻，感覺像是去寺廟求取籤詩，紙捲展開，字句浮現，融入眼前場景。經常獲得預告光明在望不妨放心前行的應許。

而這本書裡的每篇文字量比籤詩多一些：這些經過作者松浦先生反覆琢磨之後形成的話語，曖曖內含光，有些則如太陽般直率明朗。身兼譯者與讀者的我，以自身經驗映照它們的內涵，心領神會。每一篇都像一片葉子，輕巧可握，亮綠清新。話語之葉。言葉。

話語是什麼？松浦先生在本書的前言說道：「話語的前面總是有人。」我讀著譯著，逐漸理解到，在說出話語之前，首先要有人聽。

這一層對於說和聽的認識，使我體會到翻譯可以是一種深入的聆聽，是幾種層次的聆聽。首先聽：那異國語言的音聲是什麼意思。再聽：這一句話什麼意思，這幾句話和這一段在說什麼呢。這一篇的主旨是什麼呢。然後，再往我自己內在去聽：我可以用怎樣的語言將我聽到的內容表達出來呢。

藉由外語的陌生化，我放慢了聆聽的速度：從不懂意思到把一整句話聽完，再逐句逐段聽懂，最後理解。這個過程要求我保持著聆聽的意識，聽到最後。聆聽，既是語言的練習，也是心的鍛鍊。學習聆聽，是我這次翻譯工作裡超乎預期的收穫。

我學日語時的日本老師說過，日本人認爲語言之中有靈存在，是爲「言靈」，我們該當慎重對待從自己口中而出的話語。在翻譯松浦先生這本書時，我屢次體驗這般有靈的時刻，接收到說話者對待語言的珍重之心。

願這份譯文傳達出這些話語裡的寶貴心意。

陳郁馨・二〇二五年春

珍藏的話語：松浦彌太郎給你的生命提醒 / 松浦彌太郎著；陳郁馨譯 . -- 初版 . -- 新竹市：大溏文化事業有限公司出版：大和書報圖書股份有限公司發行 , 2025.05
面； 公分
譯自：大切に抱きしめたいお守りのことば
ISBN 978-626-99361-2-0(平裝)
1.CST: 人生哲學
191.9 114002890

珍藏的話語：
松浦彌太郎給你的生命提醒
大切に抱きしめたい お守りのことば

作 者 松浦彌太郎
譯 者 陳郁馨
編 輯 惡趣味
行銷部 蔡幃誠 蔡幃寧
發行人兼出版總監 蔡建志
出 版 大溏文化事業有限公司
發 行 大和書報圖書股份有限公司
地 址 新竹市工業東二路 11 號
電 話 0927697870
印 刷 呈靖彩藝有限公司
初 版 2025 年 05 月
四 刷 2025 年 08 月
定 價 400 元